DE LO DESCONOCIDO A LO VALIENTE

PILAR BORIKÓ

Ilustrado por Evelyn Miren Sulé B. Sota

Primera edición: abril, 2024

Título original: De lo desconocido a lo valiente
Autora: Pilar Borikó
Ilustraciones: Evelyn Miren Sulé B. Sota
ISBN: 978-84-128217-7-2

Edición: Andrés Cárdenas
Rapitbook Editorial
www.rapitbook.com

Impresión y encuadernación: Impresrapit
www.impresrapit.com

Impreso en España - *Printed in Spain*

A mis padres Juan y Natalia.
Al Padre Benigno Borikó Lopeo.
A mis hijos, Yvette, James, Vianneli y a mi nieto Noah.

ÍNDICE

PRÓLOGO

Pilar es de las personas que llegan a tu vida para quedarse, sea a través de una frase, un mensaje, una publicación en redes, desde un contacto casual, hasta una gran amistad, la esperanza que fue para sus pacientes, la manera sorprendente que dio a luz a sus hijos, la guía y ejemplo de perseverancia, resiliencia, la generosidad que, a través de su libro comparte cómo logró pasar de lo desconocido a lo valiente que ha sido una constante a lo largo de su vida.

Cada palabra aquí plasmada es un susurro audaz de su corazón que, enfrentando la inmensidad de lo desconocido desde niña, encontró en su interior la fuerza para ser valiente. No es solo la crónica de hazañas extraordinarias, sino el eco de batallas internas, de decisiones tomadas en la penumbra de la incertidumbre, de pasos dados al vacío con la esperanza de hallar terreno firme bajo los pies.

En esencia, es un homenaje a la valentía cotidiana, esa que se forma en lo profundo del alma humana y que, contra todo pronóstico, florece. Te invito a sumergirte en las páginas de este extraordinario libro dejándote tocar por la magia de lo inesperado para que este viaje de lo desconocido a lo valiente te lleve a ver más allá de tus miedos, a abrazar con pasión el misterio de tu existencia.

Hoy se quedará en tu vida a través de su libro que ha escrito con una gran entrega y así inspirarte a que logres también cumplir tus sueños y deshacerte de los límites. Una mujer audaz, alegre, apasionada, decidida, que al conocerla no te imaginas las pruebas que la vida le ha presentado, lo vas a descubrir en cada capítulo.

Hace tiempo, en la dedicatoria de mi libro le escribí a Pilar: Puedes lograr todo lo que te propongas, y hoy con gran alegría me honra escribir el prólogo de su libro, con tu participación como lector, se cumple el maravilloso propósito de escribir un libro, tener esa charla íntima a través de las letras encontrando en cada página una oportunidad para descubrir en todo momento la fortaleza inquebrantable que reside en ti.

Linda América Aguilera

Directora de la Academia Victoria Literaria

Mentora literaria

Autora del libro *40 Días sin estrés*

PARA TI

Deseo con este relato compartir contigo un emocionante viaje de autodescubrimiento que me ha llevado «**DE LO DESCONOCIDO A LO VALIENTE en BUSCA DE MI PROPIA IDENTIDAD**».

Una historia iniciada a temprana edad cuando tuve que enfrentarme a desafíos como dejar a mis padres, hermanos, familia, amigos... y mi tierra a los once años para entrar en un mundo desconocido hasta llegar a encontrar mi propia identidad.

Cada paso en ese camino no sólo me enseñó la importancia de lo valiente, sino también a abrazar la resiliencia en momentos difíciles.

Este libro lo escribo con el propósito de ayudarte, para que te sirva de inspiración y te acompañe en tu vida mientras vas en busca de tu identidad.

Voy a brindarte mi apoyo en tu caminar, de igual manera que me ayudaron en mi día a día a dar los pasos necesarios en mi vida y que hoy aprovecho para ofrecertelo.

Encontrarás esa mano amiga que te acompañará aligerando tu mochila, guiándote en cada paso que das.

Descubrirás cómo tú también puedes contar tu propia historia y enfrentarte a la vida con seguridad y valentía.

CÓMO LLEGUÉ A UN MUNDO DESCONOCIDO

La historia se inicia en 1968, en una hermosa isla llamada Santa Isabel (Fernando Poo), situada en Guinea Ecuatorial. Es la historia de una niña alegre, vivaracha, que vivía feliz en su mundo mágico con sus seres queridos sin pensar que en un momento de su vida se encontraría fuera de su mundo y lejos de sus seres queridos. Pero, un buen día, todo cambió. Esa niña, con tan sólo once años, debe dejar su casa, su familia y su mundo mágico para ir a un lugar lejano, desconocido. No le preguntaron, simplemente decidieron por ella, sólo porque era buena, obediente y buena estudiante. Sus padres creyeron que era lo mejor para ella. Pero, con tan temprana edad, no comprendía por qué tenían que mandarla lejos de ellos. Su pena y su dolor eran tan grandes que sólo alcanzaba a preguntarse por qué ella, ¿sería porque sus padres ya no la querían? Pero todo tiene una razón de ser, y un momento de hacer. El porqué del sacrificio de sus padres de alejarla de ellos y de su mundo mágico. El porqué de ir a un mundo desconocido.

Años más tarde supo toda la verdad y pudo comprender y entender lo que años atrás la atormentaba.

Ella tenía un tío sacerdote, el padre Benigno. Una gran y bella persona que no sólo llevaba su sacerdocio, sino también se preocupaba por las personas, sobre todo por la juventud. El padre

Benigno tenía un gran sueño, y era ayudar a esa juventud, sobre todo a las niñas, a crecer en un mundo mejor, un mundo, aunque desconocido para ellas, donde tuvieran posibilidades de desarrollarse y, con el paso de los años, llegaran a convertirse en Grandes Mujeres y alcanzaran lo que se propusieran.

Llegó el día y momento de la despedida. Recuerda a su madre, una mujer menuda, de apariencia frágil, observadora, pero con una fuerza y energía increíbles. Su madre estaba callada y sólo la miraba, mirada de amor, mirada llena de sentimientos. Todavía recuerda ver la tristeza y el dolor que desgarraban su alma a pesar de querer ocultar sus sentimientos. En medio de tanto silencio, abrazó a su hija con ternura y le dijo: «Sé fuerte, hija mía». «No nos olvides nunca». «No olvides quién eres y de dónde vienes». «No olvides tu idioma».

De pronto, una voz rompe esa conexión de madre e hija avisando de que ha llegado el momento de partir, de decir adiós a sus seres queridos. Ya no jugará más con sus amigas, ya no las verá más.

Cuantos más pensamientos acudían a su mente, más se aferraba a su madre. Está asustada, llorando, no se quiere ir. Suavemente, los brazos de su madre se separan de ella, la toma de las manos y con la mirada le indica que debe marchar. Se miran por última vez, y ella, obediente, empieza a caminar muy lentamente, todo lo que sus pies y el dolor le permitían.

Mientras iba hacia el avión las lágrimas caían por sus mejillas, estaba asustada, triste, miró hacia atrás y vio a sus padres y hermanos moviendo las manos, era un adiós.

Sólo tenía once años y su mundo mágico comenzaba a cambiar. Ahora debe subirse a un monstruo llamado avión. Debe enfrentarse a un mundo desconocido, al igual que sus miedos.

Sentada dentro del avión, su miedo y soledad la acompañan. Ese monstruo donde está subida está lleno de gente. Las azafatas van y vienen por los pasillos, hablan con las personas, colocan maletas y sonríen a todos. Hay mucho ruido, voces, personas de pie, otras sentadas. Hay momentos en que su curiosidad la obliga a disfrutar de todo lo que este nuevo y mágico mundo le está ofreciendo.

Tras doce horas de vuelo con gente extraña y en mitad de la noche, llega a su destino, una gran ciudad llamada Barcelona. Un gran aeropuerto la recibe. Un aeropuerto con muchas luces, gente que va y viene, algunos con maletas, otros corriendo. Muchos se abrazan y se ríen, están contentos. La azafata la lleva a un sitio donde debe sentarse y esperar a que la vengan a buscar. Poco a poco, el aeropuerto se queda vacío. Sólo están ella y la azafata. Se han ido todos.

La espera es interminable, la niña tiene hambre y sueño. Su cara se llena de felicidad cuando la azafata le avisa que han llamado, que ya la vienen a buscar. «¡Mis papás vienen a por mí! ¡Ya me quieren!», pensaba dentro de sí llena de felicidad. Pero sus papás tardaban, no llegaban.

Estaba cansada y, en mitad de ese ligero sueño que la consumía, sintió cómo unas manos le tocaban suavemente el hombro y la abrazaban mientras una voz susurraba a su oído pidiendo perdón por el olvido. ¡Se habían olvidado de ella! Pero ¿quiénes eran esas monjas que la estaban abrazando? ¿Por qué le pedían perdón? ¿Por qué unas monjas habían venido a por ella cuando esperaba a sus papás?

Estaba cansada de preguntarse y no entender. Se subió a un coche con las monjas. Apenas pudo disfrutar del trayecto, tenía mucho sueño y estaba muy cansada. Cuando abrió los ojos, no sabía dónde se encontraba, ni cómo había llegado allí. Estaba en una casa muy grande. Todo era silencio. Las luces de la cocina encendidas y las monjas moviéndose de un lado para otro preparando comida para que se alimentara, mientras ella permanecía sentada, medio dormida, sin fuerzas, deseando dormir.

Después de comer, la llevan a una habitación grande, donde hay muchas camas y unas cuantas niñas durmiendo. La monja que la acompañaba apenas hacía ruido para no despertar al resto de las niñas, que ya estaban durmiendo. Se sintió aliviada, pues la monja la trataba con cariño y la quería. Se tumbó en la cama, sintió cómo las sábanas cubrían su cuerpo. Y mientras escuchaba la voz amiga que la invitaba a dormir, el sueño se apoderó de ella, de ese cuerpecito frágil y asustado.

Por la mañana, al despertar, se da cuenta de que no está en su mundo mágico. La habitación está vacía, en silencio. Las niñas no están, otra vez se siente sola. Las lágrimas comienzan a brotar y recorrer sus mejillas, no entiende por qué la han dejado sola de nuevo.

Se siente observada, una monja sonriente, con suavidad, la invita a levantarse y la lleva al aseo para que pueda darse un baño, se arregle y bajar juntas al comedor.

Después de recorrer unos largos pasillos y bajar muchas escaleras, llegan a su destino. Allí descubre lo inmenso que es el comedor y que no sólo estaban las niñas, también había más monjas. Se podía sentir la mezcla de olor a pan recién hecho y de todo lo que estaba en la mesa, que invitaba a ser comido. A pesar de la calma que pedía la monja, las niñas hablaban entre sí, risas, movimientos, ruido de cubiertos, el ambiente estaba animado.

De pronto, la monja da unas palmadas para llamar la atención de las niñas. Quiere presentarla a sus nuevas compañeras. Éstas se giran y prestan atención. Sus caras reflejan asombro, la miran como raro, hablan entre ellas. Algunas hablan un idioma diferente que ella no conoce. Una monja las presenta una por una para que se conozcan y se hagan amigas.

En un principio, esa gran casa iba a ser su hogar, esas niñas que la miraban raro iban a ser sus amigas y las monjas la estaban cuidando y la querían. Ya se sentía mejor, ya no estaba sola. Se sentó tranquila, confiada, y se dispuso a comer esos manjares que tenía en la mesa, tenía hambre y estaba contenta.

Fueron tres días en los que reinó la calma, la tranquilidad. Poco a poco iba adaptándose a su nuevo y desconocido mundo. Disfrutaba de las cosas nuevas que veía, de jugar, de correr por el patio. Estaba feliz, muy feliz. Pero, de nuevo, su mundo, que empezaba a ser mágico, cambia. Debe irse a otra ciudad, a otro lugar desconocido para empezar de nuevo.

VESTIR MI NUEVA IDENTIDAD

El destino la lleva a otra ciudad, Tarragona. Esta vez el viaje es en tren y de día. La acompañan sus amigas de la casa grande y las monjas. Todas llevan sus maletas y parecen felices.

Hay mucho ruido en el tren, muchas personas sentadas, otras caminando, otras comiendo. También recuerda risas de niños y sus padres hablándoles. Se sentía feliz.

Su cara estaba pegada al cristal de la ventanilla y no paraba de mirar todo lo que había fuera, árboles, casas, el cielo, todo se movía con la velocidad del tren.

Aquí comienza otra etapa, esa niña empieza a ser feliz y a vestir su «**nueva identidad**». Esa nueva identidad comienza con mi siguiente historia. Dejo atrás a esa niña pequeña y asustada para pasar a ser Yo.

Cada persona viene a este mundo con su propia identidad, la elección de los padres, cómo afrontar los retos que se presentan en el mundo en el que elige vivir. Comenzaremos con mi nombre, tengo dos. Mi nombre en bubi (Ipolasese) y mi nombre católico (Pilar). Ipola significa: elevar, levantar, subir, alzar; sese significa: hermosa, linda, bonita. Pilar significa: aquella que es soporte para los suyos, que levanta a los suyos.

El nombre de Pilar fue consecuencia de la decisión de mis padres al bautizarme. De nuevo las decisiones.

La isla estuvo colonizada por españoles cuya religión era la católica. Como todos los colonizadores, llegaron e impusieron sus normas, que, para bien o para mal, los nativos aceptaron. Bueno, aquí me limitaré a descifrar el porqué de mis nombres.

Mis padres, al abrazar la religión católica, decidieron bautizarme, pero la iglesia católica no admitía nombres que no fueran católicos. Teniendo mis padres amigos españoles y católicos, me pusieron Pilar, por ser el nombre de la esposa de un amigo. A partir de ese momento, se unieron mis dos nombres.

Más tarde me di cuenta de que debía ser así, mis dos nombres —el oriundo y el católico— tenían que ir juntos, eran mi escudo y mi espada. Al juntarlos, me convertí en una persona fuerte, firme y segura, apoyo y ayuda para todos, pero ese «todos» no me incluía a mí.

Mi llegada a ese nuevo mundo me recuerda episodios ya vividos anteriormente. Otra vez, conozco nuevas personas. Me miraban de manera extraña, hablaban entre ellas, con curiosidad y con ganas de descubrir quién y cómo era esa niña que tenían delante.

Se acercan a mí lentamente. Me miran con ojos llenos de asombro, y dicen: «Parece de chocolate», entre sonrisas y admiración. Pasan sus manos sobre mi piel, miran sus dedos y, extrañadas, dicen: «No mancha». Me tocan el cabello. «Parece de lana», comentan. Y así siguieron explorando mientras su curiosidad se hacía cada vez mayor, hasta que alguien tuvo la feliz idea de decirles que ya era suficiente.

Ahora, recordando todo, me río, me emociona y me siento muy bien.

La verdad, yo era Única. No sólo por mis rasgos físicos, también porque era la Única de mi raza en esa tierra.

Todos querían estar cerca de mí, era la primera vez que veían a una persona con mis características. Me resultaba extraño que reaccionaran así. Me costaba entender tanta curiosidad por mi persona. En mi tierra, no sucedía nada de esto. En el mundo mágico de donde venía, tenía amigas de raza blanca y tampoco vi a nadie expresarse con tanta curiosidad.

Aunque en ese momento me pareció algo molesto, con el tiempo me di cuenta de que yo tenía un precioso don. Yo era **ÚNICA** en ese mundo. Atraía a las masas y un mundo nuevo se abría para mí, un mundo donde Yo era la protagonista, donde poco a poco esa identidad empezó a manifestarse.

Ahora comenzaba mi otra Yo, que era la continuación de la niña que había salido de **su mundo mágico** para pasar a vivir a **su mágico mundo**.

Mi adolescencia supuso una etapa de transformación muy importante. Desde los once años hasta los dieciocho estuve interna en el colegio de las Hermanas Carmelitas Teresas de San José. Estudiaba en el colegio, comía en el colegio y hacía vida en el colegio. Mis estudios iban muy bien, se reflejaba en mis notas.

Los sábados y domingos por la tarde me daban permiso para salir, eso sí, a las ocho a más tardar debía estar en el colegio, pues era la hora de la cena y, si no llegaba, me perdía la cena. Mis amigas podían llegar a las nueve a sus casas. Eso suponía que tenía que marchar antes y, justo en ese momento, lo pasábamos súper bien para que yo me fuera o, en su caso, obligarlas a marcharse también. Pero... encontré la solución. Tenía a mis dos Ángeles Guardianes. Juntas, me permitían tener un horario como el de mis amigas; a cambio, claro está, yo debía informarlas de cómo lo pasábamos, dónde íbamos y con quién nos reuníamos, pero sólo les contaba lo que me interesaba. Estaban encantadas con mis historias y disfrutábamos de nuestra complicidad. Eran la hermana Antonia y la hermana Melania, cocinera, que me guardaba la cena e incluso me esperaba para calentarla y, entre bocado y bocado, yo disfrutaba contando mis aventuras, ellas prestaban mucha atención y me pedían que siguiera contando. La hermana Antonia era mi portera.

Esperaba pacientemente a que yo llegara, así yo no tocaba el timbre y no se enteraban las demás de mi llegada.

Los domingos íbamos a misa a la iglesia del Serrallo, una zona pintoresca, muy bonita, zona de pescadores. En misa teníamos que llevar la cabeza cubierta con una mantilla, que podía llegar a los hombros o sólo cubrir el pelo, esa era la intención. Las niñas hacíamos lo posible para que se cayera, no nos gustaba llevar el pelo tapado, así que, para evitar que se cayera, nos ponían un alfiler que sujetaba la mantilla. Ahora me resulta muy gracioso recordar nuestra picardía, pero la astucia de las monjas nos superaba.

También acompañaba a las monjas a comprar pescado por las mañanas. Para eso tenía que madrugar mientras las demás niñas seguían durmiendo. Yo tenía sueño y no disfrutaba de salir a comprar con ellas. No me gustaba madrugar, y menos en invierno, porque hacía mucho frío y estaba todo muy oscuro. El verano era más llevadero.

Hoy, cuando pienso en ello y escribo esta parte, me doy cuenta de lo afortunada y privilegiada que fui al acompañarlas. El Serrallo olía a pescado fresco. Los pescadores iban de un lado para otro llevando cajas de pescado de los barcos al puesto de ventas. Había mucho movimiento y las voces se multiplicaban, cada uno ofrecía su mercancía. Los compradores iban de un puesto a otro, tratando de conseguir el mejor precio de compra. Todavía el sol no había salido, era de madrugada, pero era maravilloso todo lo que sucedía a nuestro alrededor.

En el colegio aprendí mucho. Aparte de las asignaturas del curso, tuve cursos extras de música y pude iniciarme en instrumentos como la bandurria, la guitarra y el piano. Me fascinaba tocar el piano. Dejar sonar esas melodías era algo que me daba placer, mis amigas me pedían que tocase para ellas. Yo lo hacía con mucho gusto. Mis canciones eran las que estaban de moda, tenía buen oído musical, sabía sacarlas y mi tiempo lo utilizaba para ello, en lugar de estudiar y aprender lo que la profesora me enseñaba. Digamos que iba a mi aire. Aunque estudiaba piano por libre en mi colegio, tenía que presentarme a los exámenes de piano y canto delante de un jurado desconocido. Imponía mucho, la verdad, pero, aun así, aprobaba.

A partir de los catorce años, inicio el bachillerato fuera del colegio. Ya voy al insti, como llamábamos al instituto. Me siento mayor, con más ilusión y ganas de experimentar ese mundo nuevo. En la clase estamos mezclados chicos y chicas.

Allí comienza mi adolescencia, junto con mis amigas, que ya éramos una piña tras tantos años juntas y sabíamos cómo movernos. Pero esa nueva experiencia que tanto nos gustaba trajo algún que otro salpicón. Las notas fueron bajando, apenas estudiaba, sólo lo justo para aprobar, a veces hacíamos «pellas», es decir, faltar a clase, según la asignatura y el profesor que nos tocaba en ese momento. Era muy divertido, a veces era simplemente sentarnos y hablar de nuestras cosas fuera de la clase, cerca del insti. ¿Quién no ha vivido algún momento igual en esa época? Saltarse alguna clase.

Como todo en la vida, hay procesos y etapas —más o menos dependiendo de la persona— donde nos toca vivir ciertos momentos que marcarán nuestra juventud.

Es la etapa del «primer amor, primer dolor», título del libro de José Luis Martín Vigil que me regalaron mis amigas, en el que aborda el tema de la juventud y sus vivencias a través diversos conceptos. Etapa de sentir mariposillas en el estómago cuando ves al chico que te gusta, deseando que te regale una sonrisa, y qué mejor si se acerca y te habla. El corazón te late deprisa, los nervios te delatan, quieres saltar, gritar, estás eufórica. Te agarras del brazo de la amiga que tienes cerca, quieres que viva el momento también. Les poníamos apodo a los chicos según el día de la semana, podía ser «el del martes», si tenía los ojos azules, ya sabes, «el de los ojos azules» o el del pantalón tal, según su característica, quedaba con esa etiqueta. Era nuestra clave secreta para que ni ellos ni ninguna otra persona supieran de quién se trataba.

Terminé mi bachillerato y con él mi etapa del insti, con final feliz, pues se me presentaba una nueva oportunidad, y esta vez me atraía.

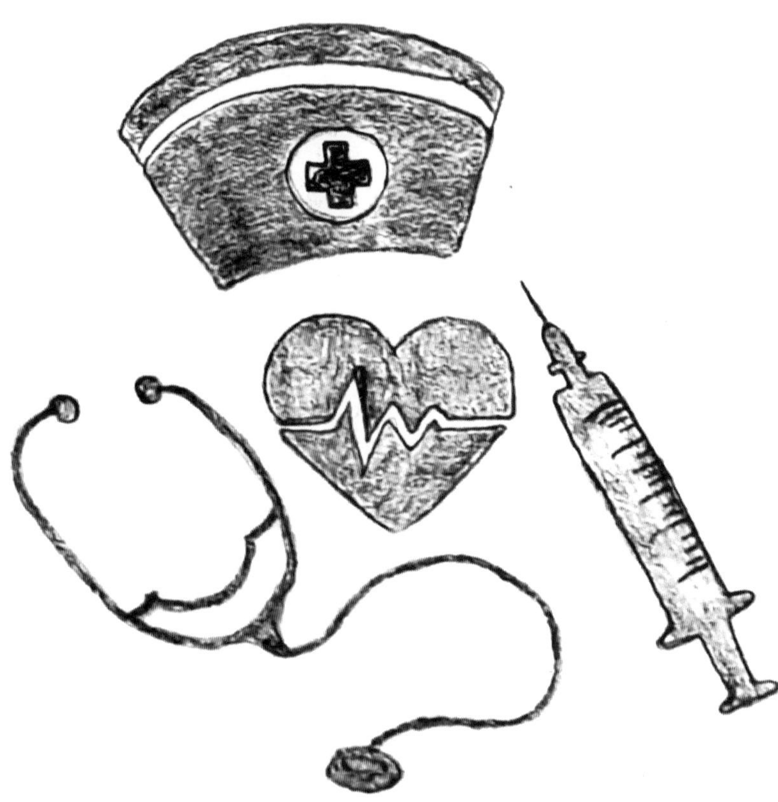

SANANDO CORAZONES, FORTALECIENDO ALMAS

Mi otro nuevo reto.

El Universo tenía grandes planes para mí y esta vez soy consciente de la decisión que debo tomar. Mis amigas se van a presentar a los exámenes de Enfermería y quieren que yo también me presente, y así poder seguir juntas. Al principio me negué, pues mi idea era prepararme para ser profesora de Educación Física, me encantaba el deporte y siempre saqué muy buenas notas, incluso participé en algunas carreras populares, sin quedar primera, pero me sentía ganadora sólo por haber participado. Mis amigas supieron convencerme para que me presentara al examen. Total, no perdía nada, pues, si no lo pasaba, me podía dedicar a lo que en ese momento creía que era mi pasión. Sin haber estudiado, sin saber qué me iban a preguntar, sólo con la idea de que estaríamos juntas, acepté de buen grado. ¡¡¡Fue un éxito total!!! ¡¡¡Había pasado la prueba!!! Las tres amigas seguiremos juntas. Con dieciocho años de edad comienzo mi carrera, que durará tres años.

Era feliz, me gustaba y, a la vez, tenía a mis amigas más cerca, pues ellas vivían en otro pueblo, así que pasaron a vivir en la ciudad y nos hicimos inseparables. Todo era nuevo para nosotras, las clases con muchas asignaturas, luego teníamos las horas de prácticas con jornadas de largas horas y con pocos días libres. Turnos de mañanas, tardes y noches. En cada turno pasábamos por situaciones muy diferentes. Había momentos de tristeza y momentos de alegría, según se nos presentaba la situación y según cada paciente.

Así inicié mi proceso **SANANDO CORAZONES, FORTALECIENDO ALMAS.**

Mi entrega era «tan grande» y me sentía «tan feliz» que las horas pasaban sin apenas darme cuenta. Entrar en las habitaciones, hablar con los pacientes, escucharlos (cada uno tenía unas historias que contar). Más tarde me di cuenta de que volvía a ser ÚNICA y la vida me abría nuevas puertas, nuevas oportunidades. Con mis amigas, creíamos que podíamos resolver los problemas de todos. Nuestra profesión nos permitía conocer a muchas personas. Hubo muchas anécdotas en esa etapa. Nos sentíamos como heroínas, y con nuestro esfuerzo y pasión, nos era fácil ayudar a solucionar los problemas de todos. Lo recuerdo de una manera divertida. Muchos recuerdos y anécdotas vividas, entre ellas la siguiente.

Cuando teníamos turno de noche, nos traían bocatas y café con leche, entre otras cosas. Me encantaba la leche condensada, siempre me han gustado las comidas dulces. Así que, una de esas noches que el trabajo nos permitía descansar, tuve la genial idea de hacer mi bocadillo de leche condensada y disfrutar de él. Pero entre charlas, risas, me fui animando con la leche condensada y casi terminé el bote. ¿Os podéis imaginar las consecuencias de tanto atracón? La experiencia fue tan mala que me prometí a mí misma no volver a comer más leche condensada. Realmente, mi mente se olvidó de esa promesa y de cómo me sentí, ya que un par de días después me estaba deleitando de nuevo con mi bocadillo de pan con leche condensada, y sí, esta vez sin pasarme.

Durante esos tres años, no sólo estudié, también trabajaba en otro hospital aprovechando los conocimientos que iba adquiriendo, así podía cubrir mis gastos educativos y personales.

También teníamos tiempo para divertirnos. Formamos un grupo de amigos, algunos estudiantes y otros que ya trabajaban. Recuerdo que, en nuestra pandilla, uno de los chicos se sacó el carnet de conducir y tenía un Seiscientos. En ese momento, para nosotras era el mejor coche que un chico podía tener. Salir con un chico que tuviera coche era el mayor trofeo que una chica podía disfrutar. Vivimos muchas anécdotas con el coche, entre otras: la puerta del copiloto iba atada a una larga cuerda junto al asiento; era una odisea subir y bajar la ventanilla; en los baches y en las curvas, era el sálvese quien pueda. A pesar de todo, éramos muy felices, teníamos coche y podíamos ir lejos de donde vivíamos y conocer otros sitios. Sin embargo, yo seguía viviendo en el colegio, aunque mi vida giraba fuera de él. Y el colegio seguía con sus normas estrictas de entradas y salidas, en la forma de vestir y de control de los sitios donde pasaba mis horas.

¿Sabéis que es verdad lo del Ángel de la Guarda? Yo siempre lo tengo, y lo tuve allí en el colegio. Seguía contando con mi par de aliadas, que me permitían vivir y tener la clase de vida que en esos momentos era importante para mí. Ahora las conversaciones eran más de personas adultas y ellas querían saber sobre temas como los chicos, discotecas, fumar... Recuerdo que, al abrir la puerta, lo primero que salía de los labios de la hermana Antonia era un «mmm», arrugando la nariz y oliéndome, seguido de: «Has fumado, hueles a tabaco», y seguía arrugando su nariz.

Por más que le decía que no, mis palabras no la convencían. Tenía razón en que olía a tabaco, pero no fumaba, era el ambiente donde estábamos, al haber fumadores, nuestra ropa se impregnaba del olor al humo del tabaco.

Sí, realmente he disfrutado de muy buenos momentos en mi vida, tantos que es difícil plasmar todos en una página.

Disfrutaba de mis vacaciones en un hermoso pueblo llamado Palma d'Ebre, un lugar encantador, con unas personas maravillosas y sobre todo mi Familia de acogida, aunque mejor decir de adopción: los padres de mi amiga abrieron las puertas de su casa para mí, así que pasé a ser miembro de la familia, sí, de toda la gran familia que son hermano, tíos, primos, amigos, las personas del pueblo, todos me mostraron su cariño y bienvenida. Doy gracias porque, a día de hoy, seguimos nuestra bonita relación.

Recuerdo que el pueblo tenía un río donde íbamos a nadar, también las fiestas, eran muy divertidas las verbenas en la plaza Mayor con sus orquestas, cantantes, bailes, los adornos, todo invitaba a pasarlo muy bien. Estaba de moda ir a las fiestas del pueblo, nos juntábamos muchísima gente, incluso de otros pueblos. Allí en las fiestas conocías al chico que te haría tilín, esperabas que te sacara a bailar, las mariposas no paraban de dar vueltas por el estómago. Teníamos un grupo hermoso, edades bonitas con esa frescura y picardía de algunos.

Otro lugar donde transcurrían mis vacaciones y tuve la dicha de compartir grandes momentos y apoyo por parte de mi otra familia, fue en un pueblo conocido por sus viñedos llamados Raimat (Lérida). Me gustaba ir allí, sobre todo en Semana Santa. Nos juntábamos la familia y amigos a celebrar la segunda fiesta de Pascua en el campo. Ese día se comía, entre otras cosas, «calçots», son cebollas tiernas cocinadas a la brasa y acompañadas de alioli. También disfrutábamos con la «mona» con forma de huevo y hecha de chocolate. Hoy en día siguen en mí aquellos maravillosos años y momentos.

Finalmente, termino mi carrera en 1978, con veinte años.

Para premiar mi exitoso fin de carrera y con ganas de comerme el mundo, tomo la decisión de disfrutar de la vida y conocer más mundo mientras me llega el momento de continuar con otra profesión que, si bien seguía siendo dentro del área sanitaria, era mucho más exótica: planeaba ir a Suiza para estudiar Medicina

Tropical con mi amiga y hermana del alma. Nos gustaba aventurarnos en mundos desconocidos y explorar todo lo que se nos presentaba.

Me vine a Mallorca para pasar quince días, a disfrutar de esa Mallorca de finales de los ochenta, donde había mucha diversión, se vivía la vida «loca», como decían. Es una preciosa isla de las Baleares, en el mar Mediterráneo, rica en variedad de especies, playas, con clima muy diverso y con lugares muy bonitos, es un pequeño gran paraíso. Esta isla tiene su encanto, enamora a quien la ve y la visita.

Ya la conocía de mi época de estudiante y realmente pasamos unos días maravillosos con las compis del cole. Viajamos en barco, era más barato y más divertido que ir en avión. Nos sentíamos adultas, salir sin los padres era sinónimo de libertad total, hacer lo que nos daba la gana mientras conocíamos esa vida sin presión. En realidad, nos acompañaban dos hermanas del cole, pues con quince, dieciséis años, no se nos permitía ir solas. Las hermanas lo pasaron muy bien, aunque la mayoría de las veces les dimos muchos quebraderos de cabeza y recibimos alguna que otra bronca.

Volviendo a mi nueva visita a Mallorca, esta vez con mi carrera recién terminada y con la ilusión de pasármelo a lo grande, decidí disfrutar a tope y cargar pilas para la nueva aventura que me esperaba. Los primeros días de mi estancia los disfruté visitando la isla, hasta que el azar de nuevo se presenta en mi camino. Paseando por el centro, llegamos frente a un gran edificio, muy bonito por fuera, arriba del todo llevaba un rótulo muy visible: Mare Nostrum, era un hospital. Mi curiosidad hizo que entrara y me informara de cómo funcionaba, si necesitaban personal, qué requisitos pedían. Pensando en mi próximo viaje a Suiza, se me ocurrió la idea de solicitar trabajo, pues todavía faltaban un par de meses para partir hacia mi nuevo destino. De este modo, tendría dinero para iniciar mi nueva etapa.

Solicité el empleo y, al día siguiente, ya estaba yo con mi uniforme blanco, almidonado. Llevábamos una bata, encima de la bata un delantal, unas medias blancas gruesas, zuecos blancos y un pañuelo en la cabeza para llevar el pelo recogido. Todo blanco, estábamos muy guapas con nuestro uniforme. Me sentía muy empoderada y feliz.

Mis primeros pasos fueron en Neonatos, esos lindos bebés de apenas un kilo de peso, pero con una fuerza inmensa y coraje para vivir. Yo tenía mucho miedo, tenía una gran responsabilidad, sin experiencia, eso sí, con muchas ganas de aprender, de dar amor a esos bebés que te regalaban una sonrisa mientras dormían o simplemente al bostezar. En una semana ya me enfrentaba sola a todos los cuidados que necesitaban, podían más mis ganas de ayudar, de compartir con mis bebés, que mis miedos. Hubo momentos muy tristes y dificultades en esa lucha, pero lo mejor que mis bebés y yo nos llevábamos era saber que lo habíamos luchado día tras día hasta el final.

Con los años, fui pasando por diversos departamentos y hospitales. Mi preferencia y debilidad eran los niños, aunque también traté adultos. Y con el tiempo, me di cuenta de que tenía mucho que dar a las personas y que tenía muchos corazones que sanar.

Mi afán de ayuda y superación me llevó a solicitar un puesto en el hospital de Son Dureta, un enorme hospital dividido en dos bloques de edificios, uno era la parte de adultos y el otro la parte materno-infantil. En mi segundo año como estudiante de Enfermería, estando yo en Tarragona, se había construido el edificio materno-infantil. En mi interior sabía que algún día yo estaría ahí ofreciendo lo mejor de mi aprendizaje al cuidado de esos niños que eran mi pasión.

Conseguí la plaza tan deseada y comencé mi nueva etapa. Mi destino fue la planta de Oncología Infantil. En un principio iba para estar quince días —volvemos a los quince días—, mientras llegaba la enfermera que iba a ocupar ese puesto, pues estaba de vacaciones. Pero mis días pasaron a meses, años, hasta llegar a compartir con ellos veintidós años.

Hubo momentos en que quería solicitar cambio de planta, dedicarme al cuidado de otras patologías infantiles, quería nuevas experiencias y... ¡vaya si las tuve! Al final, no sólo no me cambié, sino que la planta se amplió a otros niños con serios problemas, ya no era sólo Oncología Infantil, que abarcaba desde recién nacidos hasta los catorce años. La planta tenía ya por el pasillo izquierdo a mis niños de Onco, y por el pasillo derecho, a mis niños con problemas cerebrales severos, otros con diagnósticos graves en estudio.

Éramos una gran familia: los niños, sus padres, el personal sanitario, personal de la limpieza, todos llegamos a formar un Equipo, porque amábamos lo que hacíamos, toda la dureza de la situación, la impotencia y las preguntas que surgían al principio y los sinsabores se fueron disipando poco a poco, porque nuestro propósito de estar en esa planta, la unión que había, hizo que todo fuese más llevadero, hasta el punto de seguir ahí por muchos, muchos largos años.

Claro que escuchar el nombre de la planta asustaba a muchas personas, tanto dentro como fuera del ámbito hospitalario, pero estoy orgullosa y feliz por esos años vividos con ellos. No todo era malo, hay muchas anécdotas muy bonitas vividas en esa planta. Mis niños adolescentes, que se las sabían todas, más de una vez nos montaron alguna de sus picardías. Era una manera de rebelarse, de a veces no aceptar el «por qué a mí».

Hoy sé de algunos de ellos, tienen una vida ya hecha y viven su presente. Con el tiempo me di cuenta de que ellos me permitieron entrar en su corazón para sanar esa herida profunda que costaba cicatrizar, esa herida que sólo ellos llevaban y que, de alguna manera, había que sanar. Sí, me permitieron hacerlo, al igual que curaba las heridas físicas, las visibles, me permitieron sanar las de dentro, las invisibles, a las que no todos tenemos acceso. Me siguen dando las gracias por esos años, y me emociona, y me llena el estómago de mariposas, me suben los calores y me arden las mejillas. «Aunque parezca mentira, me pongo "coloráàá"», como el estribillo de la canción.

LEGADO DE AMOR Y RESILIENCIA: SER MAMÁ Y PAPÁ

Vamos a seguir caminando en mi andadura hacia lo Valiente, porque cada paso que daba, cada decisión que tomaba, descubría a esa mujer valiente en la cual me estaba convirtiendo.

En esta etapa, llega el amor. Siempre escuché la frase de que el futuro de la mujer era casarse, tener hijos y formar ese maravilloso mundo llamado «hogar» donde se supone todo es felicidad y armonía.

La verdad, es algo que no tenía en mente, y mucho menos de la manera tan rápida como sucedió. Conocí al que creí era el hombre de mi vida en la mejor etapa, pues me sentía muy exitosa: estaba a punto de terminar mi carrera de Enfermería, tenía metas, sueños y grandes proyectos a iniciar.

A veces la vida te ofrece un escaparate de posibilidades a elegir, y en ti está usar tu razón o tu corazón a la hora de elegir con cuál te quedas. Mi corazón pudo más y acepté al que creía iba a ser el hombre de mi vida, y por supuesto para toda mi vida.

Al principio todo fue maravilloso. Vivía en continua «luna de miel». Seguía llevando una vida como a mí me gustaba y, por supuesto, él también. Pero, según pasaban los años, me di cuenta de que mi corazón ya no latía como lo hacía antes, ya no llevaba el compás de la vida, se iba apagando el sonido, el hombre con el que compartía mi vida no compartía su corazón conmigo, tampoco sus sueños. Su camino era distinto al mío, y su propósito y fin se alejaban bastante de cómo imaginé que sería mi vida junto a él. Así que tomé la decisión de poner punto final a esa relación que, aunque me costó y me dolió en ese momento, tenía que cortar, tenía que cerrar esa etapa, el ciclo de mujer-esposa.

Aunque la historia se repitió más veces con otras parejas, pude abrir mis alas y volar. Cerré esos capítulos, pero eso no me impidió conocer a más hombres. La verdad, he sido y sigo siendo la «rosa prohibida», por la que muchos suspiran. ¡¡¡Me encanta esta parte!!! ¡¡¡Me veo muy bien y con Poderes!!! Soy la «rosa de pitiminí» del jardín cuyo valor no supieron ver.

Ya era madre y, como tal, debía hacerme cargo de mi maternidad, cosa que acepté siempre y luché por ello, y a día de hoy, sigo luchando en la medida de mis posibilidades. Ser mamá es lo mejor y lo más maravilloso que existe en mi vida. Desde siempre tenía esa bonita idea de asumir mi compromiso llegado el momento. Me vi cuidando y criando a tres hermosos hijos: dos chicas y un chico.

A partir de ahí, me entregué a ellos con amor, pasión y orgullo. Cada paso que daba, cada esfuerzo, cada lágrima, cada sonrisa era por y para ellos.

Aprendí a ser **Mamá** y a ejercer de **Papá.** Mis hijos me eligieron y los acepté como los dones más preciados. Llegaron sin manual de cómo ser una buena madre, de cómo sobrevivir a este nuevo reto que se presentaba. Sola, sin experiencia y sin ayuda de pareja, me enfrenté a mis nuevos retos. Como mamá, me preocupaba no poder darles todo lo que tenía que dar.

Siempre di mi amor y mi entrega incondicional a otras personas, me sentía cómoda haciéndolo, pero, ahora que había llegado mi momento tan anhelado, me sentía perdida, otro **mundo desconocido** volvía a mi vida.

Adentrarme en esa etapa me producía mucho miedo, aprendí que detrás de toda esa inseguridad, en ese miedo, se escondía mi **valentía** y me acompañaba siempre, sólo era cuestión de sentirla, y darle paso.

Ser mamá me dio el valor y el coraje de enfrentarme a todos los retos que se presentaban en mi día a día. Algunos días eran dobles porque debía ejercer de papá.

Entonces aparecía esa mujer Única y Súper poderosa metida en su traje de **valiente** a enfrentarse a esos miedos, a esas inseguridades y a todos los retos que surgían.

Sabía cuándo empezaba mi jornada laboral diaria, pero nunca encontraba el momento de saber cuándo y cómo finalizar. Una vez despierta y lista, empezaba mi odisea particular: despertar a los niños, preparar el desayuno, dejarlos en el colegio, luego, con el turbo puesto, el acelerón a mi destino: el hospital. Salida del trabajo, recogida de los niños, llevarlos a sus actividades, luego a casa, baños, preparar la cena, ayudarlos con los deberes. Toca irnos a la cama, pero esta «súper mamá» continuaba a solas con la lavadora, cocina y obligaciones de la casa, así día sí y día también.

Al trabajar en dos hospitales, tenía que compaginar los horarios del trabajo y no descuidar a mis hijos. Tuve que buscar la ayuda de varias *au-pairs* para cuidar de los niños mientras yo estaba en el trabajo, pero ellas no se adaptaban a mis horarios, así que me veía en la necesidad de solicitar otra nueva cada dos por tres.

Mis hijos hicieron muchas actividades: natación, fútbol, patinaje, voleibol, danza, judo, kárate. Algunos de los deportes les encantaban, otros algo menos, aun así, los llevaba, era la manera de saber que estaban atendidos y, a la vez, compartían con sus amigos. Hice todo lo posible para que no les faltara lo más importante, el cariño y amor que una madre puede dar a sus hijos.

Mis compañeras de trabajo siempre fueron mis aliadas. Compartían mis idas y venidas, los cambios de turno, sobre todo las que «estaban sin niños», sólo verme ya sonreían sabiendo qué iba a pedirles. Eran las «titas» de mis hijos y, de alguna manera, las envolví en mi misión de dar atención, amor y cariño para con ellos. Ponían su granito de arena para ayudarme, tanto si les iba bien como si no, me lo facilitaban. Yo sé que tenían un cariño especial hacia mis hijos y siempre estaban dispuestas a escuchar las odiseas que giraban en nuestras vidas.

Continuando con mis hijos y mi bonita labor de mamá, tuve grandes e históricos momentos. Hay muchas anécdotas para contar y muy divertidas. Los partos de mis hijos han sido muy «especiales». Sí, ya sé que cada mujer tiene su historia con sus embarazos y partos, pero créeme cuando te digo esto.

Mi hija mayor casi nace en casa. Me encontraba sola, en mi casa, siendo primeriza, de madrugada. Por mi profesión, había pasado por muchos departamentos, entre ellos el de Ginecología y Partos, donde escuchaba cómo las comadronas aconsejaban en qué momento la embarazada debía acudir al hospital. Decían que las primerizas tardaban más, por lo tanto, no hacía falta ir rápido, salvo en casos de extrema urgencia. Pues me tomé al pie de la letra esas palabras, así que decidí ocuparme arreglando mis trenzas, tenía que estar guapa y preparada llegado el momento. Apenas inicié mi transformación, rompí aguas, pero mi parte coqueta y femenina me decía que debía terminar las trenzas. Mi hija tenía prisa por salir, pues llevaba tiempo avisando. Estaba hecha un lío, a pesar del dolor que sentía, sólo pensaba en terminar mi peinado, no sabía si reír o llorar, si quedarme quieta o caminar. Sinceramente, fue un caos mental hasta que decidí llamar a mi hermana del alma para que me viniera a buscar, pues su sobrina estaba en camino y necesitaba que naciera en el hospital. El recorrido fue apoteósico. Ya el hecho de bajar las escaleras de mi casa con mi niña casi entre las piernas —podía tocar su pelo— y sentarme en el coche fue una odisea. Yo miraba a mi hermana del alma y, con sólo verla, me entraban ganas de reír. La situación era de risa para mí y de nervios y caos para ella. La verdad, pretender conducir, manos al volante, gritando a los conductores de los otros vehículos que se apartaran porque llevaba a una embarazada a punto de parir, moviendo las manos, soltando el volante, su cara era todo un poema. Tuve que coger el pañuelo de papel y sacarlo por la ventanilla porque mi conductora se afanaba en sacar el pañuelo mientras sujetaba el volante con el propósito de avisar a los demás conductores para que nos dejaran pasar. Sin más incidentes, llegamos al hospital. Nos esperaban en el paritorio, así que fue todo muy rápido. La expulsión, porque así salió, fue sonada, como descorchando champán.

Con mi hijo tengo otra aventura para contar. Esta vez me encontraba con dos menores en casa, mi hija y mi sobrina. También de madrugada, ya había tenido mis avisos horas antes; pero, como siempre, aguantando diciendo que es mejor esperar un poco más. Y llegó un momento en que ya no podía seguir aguantando, así que decidí prepararme para ir al hospital. A qué no te imaginas lo que sucedió... Me estaba poniendo el vestido con los dos brazos en alto y..., de repente..., escucho un «choff» acompañado de llanto y agua mojándome los pies y cayendo por el suelo. Cuando miro al suelo, creo que mis ojos se salían de las órbitas, aunque no tanto como los de mi niño, que los tenía súper abiertos, mirándome. Se había caído de espaldas, manos y pies en movimiento. Al escuchar el ruido, las niñas vinieron a mi cuarto y se quedaron tan sorprendidas como yo. La exclamación de «¡¡¡qué ha pasado!!!» y mi respuesta: «Pues... que ha nacido vuestro hermano y primo». La historia no termina ahí. Ahora viene lo mejor. El proceso de salir del estado de «qué ha pasado» a «qué vamos a hacer ahora». Yo seguía de pie, piernas abiertas y contemplando la escena tan sorprendente y a la vez tan graciosa que se nos presentaba. Comienzo a dar instrucciones: las niñas llamarían al hospital avisando del parto mientras yo recogía al niño y lo abrigaba con las toallas. Todavía tenía la placenta dentro de mí y nos seguía uniendo el cordón umbilical, así que lo único en ese momento era tenerlo en brazos y caminar como un pato. Debía ligar el cordón, así que se me ocurrió atarlo con una pinza de tender la ropa. Tampoco fui en ambulancia, esta vez me llevó mi tía.

No la avisé del parto, simplemente le dije que viniera, que ya estaba teniendo molestias. Te imaginas a su llegada..., yo la recibo con el bebé en brazos. Casi se me cae al suelo de la sorpresa. Tenemos que bajar las escaleras, pero esta vez con bebé en brazos, cordón a medias y pasos de ..., ya sabes. Dentro del coche, nos hizo un tour por casi toda la ciudad. Los nervios, el miedo, se juntaba todo. Yo detrás sentada con mi niño. Con su cabecita tapada por un gorrito, sólo se le veían unos ojos grandes que no paraban de moverse de un lado a otro, su carita mostraba sorpresa, sí, como diciendo «a dónde me lleváis ahora». Cuando llegamos, el séquito del personal del hospital estaba en fila esperando la llegada de la mujer que había parido en casa. Al verme, todos se echaron a reír y empezaron a comentar: «Sólo podía ser ella». Pasados unos minutos, les dije que necesitaba entrar, pues el niño todavía estaba ligado a mí. Por fin reaccionaron y me llevaron al paritorio, donde terminaron de prepararse y nos atendieron. Por cierto, la reacción del equipo fue porque me conocían en el hospital. Yo trabajaba allí y sabían la historia de mi anterior parto. Por la mañana, la noticia ya corría por todo el hospital, así que no pararon de venir a curiosear para saber quién era esa mujer que había parido en su casa. Incluso la TV solicitó hacerme un reportaje, a lo cual me negué. Ya había pasado bastante vergüenza, a pesar de todo lo recuerdo como algo divertido.

Mi tercer parto, el de mi hija menor, ya fue más tranquilo. Fuimos al hospital con tiempo y con los deberes bien hechos. Su historia también es muy interesante y muy bonita. Un parto normal, sin complicaciones. Traía unos rizos preciosos. Salió más tranquila y con una mirada muy especial, llena de amor. Verla daba ganas de cogerla y abrazarla. Toda ella respiraba amor y ternura. Todavía la recuerdo en la cuna con su vestidito color rosa. No era llorona, pero sí muy observadora, tan pequeña..., pero con una energía y un don para transmitir. Es como si ya supiera las cosas antes de que sucedieran. Me gustaba tenerla en mis brazos, mirar su carita redondita. Teníamos una gran conexión, algo extraño para lo pequeña que era, pero sí, era valiente, y sigue siéndolo. Es como si dijera: sé por lo que has pasado, vamos a superarlo juntas.

Estoy muy orgullosa de mis hijos. Son y siguen siendo lo mejor que me ha pasado. Tuve que madurar, dejé de ser yo para pasar a ser esa mamá potente, esa mamá que sacaba de su chistera todo lo necesario para que no les faltara nada y pudieran tener calidad de vida, esa mamá que aprendía a pasos de gigante a sacar adelante a sus hijos. Hubo momentos de llantos, de desesperación, de querer y no poder, pero siempre resurgía como el ave fénix.

Ahora me pregunto, al pensar en todo lo vivido y pasado, si a día de hoy podría con todo, si sería igual de valiente para hacer todo lo que hice.

freedom

LA LIBERTAD DE LA JUBILACIÓN

Aquí empiezo a darme cuenta de cómo ha sido y sigue siendo mi vida. Tras un largo y arduo repaso a lo que ha sido, me di cuenta de que necesitaba hacer algo para mí. Llegaba el momento de quererme y vivir esa vida que no tuve tiempo de dedicarme, porque trataba de solucionar la vida de los demás, olvidando cuán importante era la mía.

Un par de años antes, había comenzado a buscar cómo darle sentido a mi vida. Tenía que tomar una decisión y no podía esperar más. Pensando en los últimos tiempos, en los que mi salud empezaba a estar tocada por tantos años de trabajo y de cargar pesos que no eran míos, me vi en la necesidad de plantearme la jubilación.

En diciembre del 2019, los medios de comunicación comienzan a hablar de un nuevo fenómeno que está ocasionando graves daños y muertes a la población. Se inicia en la ciudad china de Wuhan. En marzo del 2020, se activa la alarma en España, se pone en marcha un sistema de alerta para poder combatir la Pandemia, conocida como COVID 19. Los síntomas son fiebre, tos, dificultad respiratoria, entre otros, y sin tener todavía los medios necesarios de protección, ni la información exacta de cómo combatir esta nueva pandemia, mis compañeros del hospital y yo nos enfrentamos a la difícil y peligrosa tarea de asistir a los pacientes que llegaban sin diagnóstico previo, y aunque poco a poco se iban identificando, el ritmo de ingresos era superior al diagnóstico, sin tregua y trabajando con escasa protección. Como ya comenté en su momento, mi salud empezaba a resentirse, y más con todo lo que suponía trabajar fuera del área quirúrgica y llevar los delantales de plomo durante toda la jornada laboral, lo que agravó mi salud, y acabé con una baja por enfermedad. Durante mi convalecencia, tomé la decisión de solicitar la jubilación anticipada y evitar mayores consecuencias.

Con mi ansiada jubilación y mi nueva libertad, me propuse dar un giro a mi vida y dedicarme a saborear los nuevos placeres que la vida me estaba ofreciendo. Ahora disponía de todas las horas del día para mí. Sin obligaciones, sin depender de los relojes, mi nueva vida me daba esa felicidad que tanto soñamos alcanzar mientras trabajamos para los demás. Al principio fueron días de puro disfrute, estaba en el séptimo cielo y me sentía muy agradecida por tener mi propia libertad. Pero llegó un momento en que ya todo era rutinario y me daba cuenta de que necesitaba algo más en mi vida. Pasé de no hacer nada a comenzar a leer todo lo que se me presentaba y a asistir a seminarios online de desarrollo personal, autoayuda, buscando solución a las preguntas que mi mente sugería sintiendo que mi cabeza iba a estallar, era un caos.

Sin saber qué quería, sin decisión, continuamente cambiaba de idea, sin terminar nada de lo que comenzaba, me sentía muy frustrada y, por supuesto, mi autoestima bajó hasta el punto en que me vi hundida en el fondo de ese agujero oscuro que te paraliza porque no sabes dónde dirigir tus pasos. Con mi jubilación, mis finanzas también sufrieron cambios, estaba acostumbrada a tener el dinero que necesitaba trabajando más y más, nunca me faltó trabajo. Ahora ya no disponía de los medios necesarios que aumentaran mis ingresos para llevar la vida que llevaba antes, mi economía se vio mermada y esa situación me llevó a mantener mi autoestima baja. Sí, tengo mi paga, pero mis nuevos proyectos, para realizarlos de la manera que quiero, necesitan de un capital mayor al de mi jubilación. Yo seguía buscando el camino para desarrollar mi nuevo emprendimiento, cada vez más cerca, pero con muchos altibajos. Lo que se presentaba era «pan para hoy, hambre para mañana», por lo tanto, debía buscar la forma de superar ese reto.

En uno de mis múltiples seminarios, descubrí «Respiración Consciente» como herramienta para conectarme conmigo misma en un nivel más profundo. Hice varias prácticas y asistí a seminarios, pero me quedé a medias en el intento, me era difícil dejar fluir mi mente, seguía sin saber cómo conectarme, y eso me frustraba, por lo que decidí abandonar sin darme la oportunidad de descubrir que ese método era uno de los medios que necesitaba para encontrar mi equilibrio y, de este modo, llegar a conectar con mi ser.

Me interesé por el Ikigai, filosofía japonesa que me ayudó a reconocer lo que realmente creí que me apasionaba y cómo podía ser parte en el descubrimiento de mi identidad, que ya estaba en desarrollo. Descubrir quién era yo, qué podía ofrecer a los demás y que a la vez me hiciera feliz, cómo con ello podía descubrir la manera de mejorar mis finanzas y, así, salir de esa crisis que no me permitía realizar mis sueños.

También abracé la práctica del Ho'oponopono, que me permitió liberar mis emociones negativas y resentimientos, que frenaban mi crecimiento personal. Con las frases «lo siento», «perdóname, «gracias», «te amo», descubrí cuánto necesitaba perdonarme, amarme y agradecer todo lo que tuve, tengo y todo lo que está por venir. La integración de frases y afirmaciones positivas en mi día a día me ayudó a reemplazar mi autocrítica por autocompasión y amor propio.

Cada vez que tenía la sensación de saber con certeza cuál era mi propósito de vida, surgían dudas que me confundían y me impedían definirme, entonces, con la repetición de ellas, al principio aún sin tener la certeza de si funcionaban o no, decidí escribirlas cada día hasta que poco a poco ya mi mente se abre a creer que sí funcionan. Son muchos años de tener un concepto negativo acerca de mí y mis posibilidades, aun así, voy trabajando y sé que voy por buen camino. Dicen que «cuando el discípulo está listo, aparece el maestro».

Estando en esa búsqueda tan importante para mí y a punto de tirar la toalla por no saber qué decisión tomar, apareció mi «ángel» a rescatarme de ese mar de conflictos que llenaban mi mente de contradicciones, tanto que mi cabeza parecía una olla a presión.

Mi «ángel» es una mujer dulce, serena, sus palabras salen del corazón, sabe escuchar, siempre sonriente y su cara es pura felicidad. Conocí a Linda a través de las redes sociales y conectamos rápidamente. Ella me regaló su libro *40 días sin estrés* y con una dedicatoria muy bonita que decía «Puedes lograr todo lo que te propongas, tener este libro en tus manos te lo recuerda». Realmente, fue la inspiración que necesitaba para complementar ese giro que necesitaba en la transformación de mi nueva libertad. Junto a ella y los otros profesores, realicé el curso de Speaker Life que significó un antes y un después, permitiendo salir de esa oscuridad y caminar hacia la luz, darme el permiso de brillar. En una de nuestras numerosas charlas, Linda me sugirió cómo podía llevar mi luz a esos corazones que también buscaban esa mano que les guiara.

Hablando con ella y viendo mi estresante situación, me comentó: «¿Qué te parece si, en lugar de prepararte para dar tu charla, escribes un libro? Eso te ayudará a salir de ese hervidero y conectarás mejor contigo». Al principio me entró pánico, pues, si no me atrevía a hablar de mi vida, menos iba a poder escribir un libro. Pero le hice caso y comencé a escribir, ella como mi guía, apoyándome y estando conmigo, muy agradecida por ser parte de mi historia.

Hoy en día estoy trabajando en el desarrollo de mi mente, cuerpo, espíritu, y en mi alimentación, que son pilares fundamentales en mi proceso de desarrollo. Sé que cada paso que doy en mi nueva etapa tendrá un impacto significativo en la vida de muchas personas.

DE EXTRAÑA A INSPIRADORA: MI VIAJE DE SUPERACIÓN Y EMPODERAMIENTO

Comencé a reflexionar sobre todos los años pasados y vi que estaba estancada, todo seguía igual a pesar de los años, la misma rutina día a día. Fue entonces cuando decidí abrazar mi historia y usar mi experiencia y empatía para dar un giro significativo en mi vida y ayudar a otras personas en su autodescubrimiento. Compartir mi viaje y guiarlas en su camino de autodescubrimiento y superación se convirtió en mi propósito.

Una tarea bastante difícil y con muchos altibajos. Me resultaba difícil definir mis ideas y mi propósito. No tenía nada claro, lo único que sabía era que necesitaba sacar todo lo que tenía dentro y transmitir mis experiencias a otras personas que se encontraban como yo sumergidas en sus caos. Pero ¿cómo podía transmitir mis mensajes si yo misma estaba absorta en lo más profundo de mis titubeos? Empecé a subir frases con afirmaciones positivas en las redes sociales, frases donde mi estado de ánimo era visible, siempre con la esperanza de conectar conmigo y con quien leyera mis mensajes. Poco a poco me di cuenta de que las personas leían mis historias e incluso me agradecían con sus comentarios las frases que subía. Aunque me costaba creer que era cierto, seguí buscando más y más la manera de completar mi búsqueda. Escribir me ha abierto un mundo de posibilidades. Cada vez que mi mente permite el paso de ideas y situaciones que no me hacen bien, las escribo en un papel y las rompo en pedazos. También escribo cosas maravillosas que luego leo varias veces hasta que se quedan grabadas en mi cerebro.

Al principio, cuando me sentaba para escribir, me quedaba en blanco, no sabía cómo empezar. Me resultaba imposible decir cómo me sentía, qué me estaba pasando. Eran tantas sensaciones que, por más que lo intentaba, me aterraba el no saber qué.

Mi inicio fue con sólo una palabra, una frase, otras veces con dos, así poco a poco hasta que las palabras empezaron a salir, fluían de mi mente, mis dedos iban rápidos escribiendo para no perder ni una sola sílaba de lo que en ese momento mi mente egoístamente me permitía sacar. Me di cuenta de que cada vez, cuanto más escribía, más ganas tenía de continuar y más mejoraba mi estado de ánimo. Ya no estaba perdida en la confusión, el caos estaba desapareciendo, me sentía feliz, muy feliz. Otra escalada realizada con éxito. Estoy en la cima, me siento orgullosa del lugar al que he llegado y de cómo he enfrentado todos mis miedos, mis ansiedades, mis porqués, mis sombras. Si yo logré salir, tú también puedes.

ABRAZANDO MI PROPÓSITO

El futuro se me presenta como una hoja en blanco, lista para seguir escribiendo con valentía y determinación nuevos capítulos.

Mi camino no sólo me ha permitido descubrir mi propia identidad, sino también el poder que yace dentro de mí para transformar las circunstancias en oportunidades de crecimiento.

Aunque sé que habrá desafíos, también confío en que mi propósito me guiará y me dará la fuerza para enfrentar cualquier obstáculo.

Sé que cada paso que doy en mi nueva etapa tendrá un impacto significativo en mi vida y mi sueño es llegar y conectar en la vida de muchas personas.

Cada herramienta y técnica que he abrazado me ha llevado «De lo Desconocido a lo Valiente». Doy gracias por haber llegado hasta aquí y ser hoy en día esa mujer que ha superado con valentía los retos que la vida puso en su camino. Hoy soy quien soy, esa mujer valiente, decidida, con tacones y la cabeza bien alta.

Espero que hayas disfrutado de esta lectura y te sirva de inspiración y ayuda en tu caminar mientras vas en busca de tu propia identidad.

El futuro es emocionante y estoy lista para recibirlo con los brazos abiertos.

Como dijo la gran Maya Angelou: «He aprendido que la gente olvidará lo que dijiste, la gente olvidará lo que hiciste, pero la gente nunca olvidará cómo les hiciste sentir».

HERRAMIENTAS UTILIZADAS EN MI PROCESO

1. **Afirmaciones positivas diarias:**
   Nada más abrir los ojos, agradece por el nuevo día.
   Agradece la cama y la almohada que te han permitido un sueño reparador.
   Agradece por todo lo que tienes y lo que está por venir.
   Agradece por tus hijos, familia y la humanidad.
   Ponte frente al espejo y háblate bonito.

2. **Mis respiraciones conscientes:**
   Aprender a respirar, poniendo atención a cómo respiramos. Una de las respiraciones que utilizo es la del 4x4, que consiste en: con la boca cerrada, inhala por la nariz, llena el pecho de aire, aguanta el aire contando «1, 2, 3, 4» y exhala por la boca contando «1, 2, 3, 4» a un ritmo lento. Al principio es un poco molesto, pero a medida que lo vas practicando resulta más fácil y automático. Es muy buena, sobre todo alivia el estrés. Puedes hacerlo cuantas veces necesites.

3. **Apoyarte con las palabras:**
   «Lo siento», «Perdóname», «Gracias», «Te amo», ayudan a sanar, a limpiar esas memorias que llevamos arrastrando mucho tiempo.

4. **Ejercicio:**
   Caminar cada día al menos durante una hora.

5. **Alimentación** sana y equilibrada.

6. **Beber suficiente cantidad de agua** para mantener tu cuerpo hidratado.

AGRADECIMIENTOS

Gracias, Linda América, artífice de que hoy se haya escrito este libro. Confiaste en mí y siempre has estado apoyándome y guiándome.

Gracias, Evelyn, por tus magníficos dibujos; has sabido plasmar cada detalle de lo que quería transmitir.

Gracias a mi hermana Pepita y a Mío por los ánimos y apoyo.

Gracias a mis compis de Son Dureta por ser parte de esta historia, fueron muy generosas conmigo.

Especial dedicatoria a mis padres Juan y Natalia por tener la valentía de permitirme ir a ese mundo desconocido, transmitiéndome todo su amor en la distancia.

Al Padre Benigno Borikó Lopeo, en su propósito de ayudar a la juventud a crecer en un mundo donde tuvieran posibilidades de tener una vida mejor. Gracias por confiar en mí y en darme todo el apoyo en esos años difíciles.

A mis hijos, Yvette, James, Vianneli y a mi nieto Noah.

Y gracias a todas las personas que me han escuchado y me han animado a seguir adelante. A ti que me lees, si he podido aportar luz en tu vida, gracias, gracias, gracias.

MARÍA DEL PILAR BORIKO MOSERA (1957)

Nacida en la isla de Santa Isabel de Fernando Poo (Guinea Ecuatorial).
En 1968 la enviaron a España para cursar sus estudios.
Estudios: Bachiller Superior, Secretaria de Empresas, Diplomada en Enfermería, Gerontología, Diabetología, Puericultura, Salud Laboral.
Certificaciones en: Respiración Consciente, Ho'oponopono, Ikigai, Speaker Life.
Desde 1978, se ha dedicado a su profesión de enfermera en diversos hospitales y áreas sanitarias, en especial al cuidado de niños oncológicos, que le llevaría a estar veintidós años.
Tras su jubilación, decidió emprender otros retos en busca de su propia identidad, profundizando en temas de desarrollo personal y autoayuda. Así inicia su búsqueda en su propósito de vida. Con Speaker Life consigue la titulación de Miembro y Embajadora Oficial de la Cámara Internacional de Conferencistas(CIC) de México. También es reconocida con el Galardón Victoria Literaria otorgado por la Academia de Escritores.
Su propósito de vida es seguir ayudando a las personas a salir de su oscuridad, enfrentarse a los retos con valentía y ser recordada como alguien que les hizo sentir.